短期マスター
日本語能力試験ドリル
N3
第2版

凡人社編集部 編

もじ
文字

ごい
語彙

どっかい
読解

さつ
が1冊に

ぶんぽう
文法

ちょうかい
聴解

CD付

にほんごの
凡人社

目　　次

この本で勉強する人へ

◆この本の特徴

　この『短期マスター　日本語能力試験ドリル　N3』は、日本語能力試験で出題される試験科目（文字、語彙、文法、読解、聴解）をすべて1冊で勉強できる問題集です。

　短い日数ですべての科目を勉強できるのが特徴です。問題の形式は日本語能力試験と同じ形式になっています。

◆この本の構成

・練習問題

　　試験科目に合わせて「文字・語彙」「文法」「聴解」「読解」に分かれています。

・まとめのテスト

　　試験の約半分の問題数でできています。

試験科目	問題のタイプ	試験の問題数（大問）	「まとめのテスト」の問題数（大問）
文字・語彙	漢字読み	8	4
	表記	6	3
	文脈規定	11	6
	言い換え類義	5	3
	用法	5	3
文法	文の文法1	13	7
	文の文法2	5	3
	文章の文法	1	1
読解	内容理解（短文）	4	2
	内容理解（中文）	2	1
	内容理解（長文）	1	1
	情報検索	1	1
聴解	課題理解	6	3
	ポイント理解	6	3
	概要理解	3	2
	発話表現	4	2
	即時応答	9	5

・CD

　練習問題・まとめのテストの、聴解問題の音声が入っています。実際の試験と同じように、問題を読むための時間や書くための時間があります。

・別冊

　練習問題・まとめのテストの、解答と聴解問題のスクリプトです。

◆この本の使い方

　使う時期によって、次のような使い方をお勧めします。

・試験対策の最初に

　日本語能力試験の勉強を始めようと思ったとき、まずこの本の「練習問題」を解きましょう。それから、「まとめのテスト」（p.47～）を解きます。「練習問題」のそれぞれのページの上には問題のタイプ（大問の分類）が書いてあります。答え合わせをするときに、得意なタイプ、苦手なタイプを見つけましょう。苦手な科目、苦手なタイプの問題は、ほかの問題集なども使って重点的に勉強しましょう。間違った問題はチェックしておくと、試験直前の勉強の役に立ちます。

・試験対策の最後に

　それぞれの試験科目の問題集で日本語能力試験の勉強をしたあと、仕上げとしてこの本を使うこともできます。「まとめのテスト」は試験時間の半分の時間を目安にして、解いてみましょう。

・もう時間がない！　という時に

　まず初めに、「まとめのテスト」を解きます。それから、間違いが多かった試験科目の「練習問題」を、何度も繰り返し解きましょう。わからないところは先生に聞いたり、参考書で調べたりしましょう。

※ この本に掲載した日本語能力試験の試験科目、問題数、試験時間の分数、表記の基準については『新しい「日本語能力試験」ガイドブック概要版と問題例集　N1, N2, N3編』（国際交流基金・日本国際教育支援協会編著　2009年発行）を参考にしています。

練習問題

文字・語彙

問題 1

_____のことばの読み方として最もよいものを、1・2・3・4から一つえらびなさい。

1 近所に有名人が住んでいます。

   1 きんじょ   2 きんじょう   3 こんじょ   4 こんじょう

2 この辺りは、地震が多い地域です。

   1 じちん   2 ちしん   3 ちぢん   4 じしん

3 使わないときは、ふたを閉じておいてください。

   1 こじて   2 とうじて   3 とじて   4 こうじて

4 東京 はとても便利な町だと思います。

   1 べんりな   2 にぎやかな   3 きけんな   4 むりな

5 何か調べるなら、これを使うといいですよ。

   1 ならべる   2 たべる   3 くらべる   4 しらべる

6 パーティーに出席する人は、このノートに名前を書いてください。

   1 しゅせき   2 しゅっせき   3 しゅっせい   4 しゅせい

7 レストランの情報がたくさん載っている本を知っていますか。

   1 じょうほ   2 じょほ   3 じょほう   4 じょうほう

8 外国にいる友達から、誕 生 日プレゼントが届いた。

   1 とどいた   2 ついた   3 いただいた   4 といた

9 土曜日は自由な時間がたくさんあるので、うれしいです。

   1 じゅうな   2 じゆな   3 じうな   4 じゅうな

⑩ この歌は<ruby>最近<rt>さいきん</rt></ruby>覚えたばかりなので、まだ上手に歌えません。

1 おぼえた　　　2 おしえた　　　3 そなえた　　　4 そろえた

⑪ 小さくて軽い<ruby>傘<rt>かさ</rt></ruby>は人気があります。

1 つよい　　　2 ほそい　　　3 かるい　　　4 やすい

⑫ 今日はたくさん働いたので、いつもより<ruby>疲<rt>つか</rt></ruby>れました。

1 うごいた　　　2 はたらいた　　　3 あるいた　　　4 やぶいた

問題2

_____のことばを漢字で書くとき、最もよいものを、1・2・3・4から一つえらびなさい。

1　友達を作るために、せっきょくてきに話しかけるようにしている。

1　積極的　　　　2　績極的　　　　3　債極的　　　　4　責極的

2　1912年、日本は初めてオリンピックにさんかした。

1　参伽　　　　2　惨加　　　　3　惨伽　　　　4　参加

3　授業でかんきょう問題について発表しました。

1　現境　　　　2　環境　　　　3　環鏡　　　　4　璟鏡

4　奨学金のもうしこみ方法を教えてください。

1　申し辻み　　　2　甲し込み　　　3　申し込み　　　4　甲し辻み

5　ひょうじょうを見れば、その人の気持ちがわかります。

1　表情　　　　2　顔情　　　　3　表上　　　　4　顔上

6　卒業後、一番しんぱいなことは就職です。

1　心酷な　　　2　心酤な　　　3　心配な　　　4　心酩な

7　朝からおなかがいたいので、午後は病院に行こうと思います。

1　痛い　　　　2　病い　　　　3　痒い　　　　4　疲い

8　いつも夫の帰りがおそいので、先に晩ご飯を食べています。

1　遅い　　　　2　連い　　　　3　進い　　　　4　遠い

9　わかくても、重い病気になることはあります。

1　軽くても　　　2　若くても　　　3　強くても　　　4　苦くても

問題3

（　　　）に入れるのに最もよいものを、1・2・3・4から一つえらびなさい。

1 （　　　）返事ではなく、はっきりとした返事を聞かせてほしい。

   1　あいまいな　　　2　あきらかな　　　3　おおげさな　　　4　あらたな

2 なかなか決まらないので会議の時間を（　　　）した。

   1　延長　　　　　　2　伸長　　　　　　3　最長　　　　　　4　成長

3 父が写真好きなので、家には（　　　）が何十冊もある。

   1　プログラム　　　2　アルバム　　　　3　アルバイト　　　4　パンフレット

4 銀行へ行って、お金を（　　　）。

   1　引いた　　　　　2　振り出した　　　3　引き出した　　　4　差し引いた

5 お話を聞かせていただきたいので、ご都合のよい（　　　）を教えてください。

   1　時代　　　　　　2　期日　　　　　　3　日時　　　　　　4　日頃

6 壁にはってあったポスターを（　　　）。

   1　のがした　　　　2　むいた　　　　　3　ふいた　　　　　4　はがした

7 骨折したかもしれないので、病院で（　　　）を撮りました。

   1　レントゲン　　　2　データ　　　　　3　ギプス　　　　　4　リハビリ

8 急にスピーチをすることになって、とても（　　　）ました。

   1　さまたげ　　　　2　あわて　　　　　3　あきらめ　　　　4　おちつき

9 石に（　　　）転んでしまった。

   1　けって　　　　　2　はねて　　　　　3　つまずいて　　　4　あてて

文字・語彙

10 今食事の（　　　）だから、タバコは吸わないでください。

1　中間　　　　　2　進行　　　　　3　時期　　　　　4　最中

11 試験に落ちて（　　　）した。

1　あっさり　　　2　がっかり　　　3　めっきり　　　4　こっそり

12 野球の試合の（　　　）に行った。

1　援助　　　　　2　応接　　　　　3　応対　　　　　4　応援

13 本を読んでとても（　　　）したので、その作者に手紙を書いた。

1　感謝　　　　　2　感情　　　　　3　感動　　　　　4　感想

14 サッカー選手に（　　　）サッカーを始めた。

1　あこがれて　　2　あきらめて　　3　なつかしくて　4　うらやましくて

15 今後の仕事の（　　　）が決まった。

1　シリーズ　　　2　スケジュール　3　プログラム　　4　ダイヤ

16 健康が自慢の田中さんは、（　　　）仕事を休まない。

1　めったに　　　2　さっそく　　　3　かえって　　　4　とっくに

問題4

＿＿＿＿に意味が最も近いものを、1・2・3・4から一つえらびなさい。

1 会議のための資料を前もってコピーしておく。

    1 あらかじめ   2 すぐに   3 以前   4 いそいで

2 交差点でいきなり自転車が飛び出してきたので驚いた。

    1 すかさず   2 突然   3 さっそく   4 先に

3 健康には常に注意を払っている。

    1 必ず   2 とても   3 いつも   4 ていねいに

4 おなかがすいたので、ピザを配達してもらおう。

    1 送って   2 注文して   3 作って   4 届けて

5 台風が近づき、ますます風が強くなってきた。

    1 明らかに   2 さらに   3 やはり   4 むしろ

6 たぶん、彼は来ないだろう。

    1 およそ   2 おそらく   3 まるで   4 今にも

7 この本は何回読んでも、内容がまったく理解できない。

    1 めっきり   2 ほとんど   3 すこし   4 さっぱり

問題 5

つぎのことばの使い方として最もよいものを、一つえらびなさい。

1 ついでに

1 銀行に行った<u>ついでに</u>、買い物をして帰った。

2 手紙を書く<u>ついでに</u>、電話がかかってきた。

3 家族と相談した<u>ついでに</u>、お返事します。

4 昨日から並んだ<u>ついでに</u>、新しいパソコンが買えた。

2 今にも

1 毎日練習したら、<u>今にも</u>上手になるよ。

2 <u>今にも</u>東京では桜が咲いているそうです。

3 あの岩は<u>今にも</u>落ちてきそうで危ないです。

4 <u>今にも</u>なってやめたいと言っても、もう遅いよ。

3 あてはまる

1 この薬はこの病気によく<u>あてはまる</u>。

2 ドアに手が<u>あてはまり</u>痛かった。

3 このスーツにはこのネクタイがよく<u>あてはまる</u>。

4 この条件に<u>あてはまる</u>人は手を挙げてください。

4 突き当たり

1 この道をまっすぐ行って、<u>突き当たり</u>を右に曲がってください。

2 この問題は難しいので<u>突き当たり</u>でわからなくなってしまった。

3 バイクと自転車の<u>突き当たり</u>があった。

4 図書館から<u>突き当たり</u>に駅があります。

5 しかも

1 昨日テレビを買いました。しかも冷蔵庫を買いませんでした。

2 このレストランの料理はおいしい。しかも安い。

3 今年の冬は寒い。しかも去年よりは暖かいそうだ。

4 台風で電車が止まった。しかも今日は仕事が休みなのでよかった。

6 せっかく

1 小山さんはまじめで、せっかく勉強をしている。

2 せっかくフランスへ来たのに、なかなか帰らないことにした。

3 せっかく上手に絵を描いたのに、その上を猫が歩いてしまった。

4 今ごろそんなことを言っても、せっかくイベントが始まっている。

7 せめて

1 つまらない映画が多いので、せめて見ないことにした。

2 毎日雨ばかり続くが、せめて明日はどうなることか。

3 最近ずっと忙しい。せめて1日だけでもゆっくり休みたい。

4 厳しいトレーニングを、せめて1週間はがんばった。

文法

ぶん　ぽう

問題1

つぎの文の（　　　　）に入れるのに最もよいものを、1・2・3・4から一つえらびなさい。

1　この件（　　　　）部長から何か聞いていますか。

　　1　において　　　　2　について　　　　3　にとって　　　　4　によって

2　この問題は考えれば考える（　　　）わからなくなってくる。

　　1　くらい　　　　　2　につれ　　　　　3　ほど　　　　　　4　ほう

3　この小説は、事実を（　　　　）して書かれたものらしい。

　　1　ものに　　　　　2　はじめに　　　　3　きっかけに　　　4　もとに

4　いつも笑っている（　　　　）幸せだとはかぎらない。

　　1　からには　　　　2　からといって　　3　からして　　　4　からみても

5　彼は、絶対来ると言っていたから来ない（　　　）ない。

　　1　わけでも　　　　2　わけでは　　　　3　わけには　　　4　わけが

6　この製品は、輸出（　　　　）開発されたものだ。

　　1　向けに　　　　　2　向いて　　　　　3　向けて　　　　4　向こうに

7　敬語は、目上の人に（　　　）尊敬を表すときに使う。

　　1　反して　　　　　2　ついて　　　　　3　よって　　　　4　対して

8　辛いものが嫌いなら、すしはわさび（　　　）注文したほうがいいよ。

　　1　ぬきで　　　　　2　のなしを　　　　3　とって　　　　4　ないで

9　私の車は古いが、弟のと比べると、まだ（　　　　）だと思う。

　　1　よし　　　　　　2　いい　　　　　　3　まし　　　　　4　たし

10 タバコは体に悪いと知り（　　　）やめられない人は多い。

   1　ても　　　　　　2　ながら　　　　　3　かねて　　　　4　にくく

11 父は来月 九 州 に転勤する（　　　）。

   1　ことはならない　2　ようにした　　　3　ことになった　　4ようになった

12 今年は台風が多く、このままでは米や野菜に影 響 が（　　　）。

   1　出かねる　　　　2　出がたい　　　　3　出にくい　　　　4　出かねない

13 駅に（　　　）次第、電話してください。

   1　着き　　　　　　2　着いて　　　　　3　着いた　　　　　4　着く

14 私に（　　　）生活環 境 で大切なことは、周りに自然があることです。

   1　ついて　　　　　2　関して　　　　　3　対して　　　　　4　とって

15 ぜひ（　　　）たいのですが、今週のご予定はいかがでしょうか。

   1　ごらんになり　　2　お会いになり　　3　お目にかかり　　4　いらっしゃり

16 おうわさは、いつも（　　　）おります。

   1　お知りして　　　2　うかがって　　　3　ご存じで　　　　4　お聞きになって

17 先日はおいしいワインを（　　　）まして、ありがとうございました。

   1　いただき　　　　2　くれ　　　　　　3　差し上げ　　　　4　くださって

18 あの木の上に小鳥が止まっている（　　　）が見えますか。

   1　こと　　　　　　2　もの　　　　　　3　の　　　　　　　4　ところ

19 子どもは子ども（　　　）外で元気に遊んだほうがいい。

   1　みたいに　　　　2　みたく　　　　　3　のように　　　　4　らしく

文法

問題2

つぎの文の ___★___ に入る最もよいものを、1・2・3・4から一つえらびなさい。

1 昨日 _____ _____ ___★___ _____ どれですか。

   1 借りて   2 図書館で   3 本は   4 きた

2 A「部長 はボーナスで新しい車を買うようですね。」

  B「ええ。でも、_____ _____ ___★___ _____ 思っているようですよ。」

   1 いい車が   2 しようと   3 今度に   4 なかったら

3 _____ ___★___ _____ _____ とても歌えない。

   1 ようには   2 練習しても   3 彼の   4 どんなに

4 高くても _____ _____ ___★___ _____ だと思います。

   1 売れる   2 はず   3 あれば   4 ニーズが

5 お客さんは _____ _____ ___★___ _____ と言っています。

   1 安い   2 安ければ   3 いい   4 ほど

6 友達の君が _____ ___★___ _____ _____ ない。

   1 言うなら   2 行かない   3 ことも   4 そこまで

7 生徒は _____ _____ ___★___ _____ と教室を飛び出して行った。

   1 思う   2 ベルが   3 かと   4 鳴った

問題3

つぎの文章を読んで、文章全体の内容を考えて、[1]から[5]の中に入る最もよいものを
1・2・3・4から一つえらびなさい。

電車の中の出来事

高橋さやか（会社員）

隣町の会社に勤めている私は、毎日、電車で通っています。電車の中では、本や新聞を読む人もいるし、携帯でゲームをしたりメールをしたりする人もいます。

その日は、いつもより込んでいました。私は優先席の前に立っていましたが、次の駅でおなかの大きい女の人が乗ってきて、私の隣に立ちました。おなかに赤ちゃんがいるのだろうということがすぐわかりました。優先席に座っている人たちは、[1]、目を閉じました。

今まで本や新聞を読んでいた高校生もサラリーマンも、寝ている[2]をしているのです。誰も席を立たないことに何だか悲しくなりました。それに、何もすることができない自分にもイライラしました。

女の人は、つりかわにつかまり、窓の外を見ていました。一駅ごとに人が[3]。[4]、高校生の女の子が、女の人の前に座っていたサラリーマンに言いました。「すみませんが、席を譲ってあげてください。」うれしくなる[5]ともに、自分が何もできなかったことを、恥ずかしく感じました。

---

[1]　1　その人を見れば　　　　　　2　あの人を見れば
　　　3　その人を見ると　　　　　　4　あの人を見たら

[2]　1　ようす　　　2　ふり　　　3　よう　　　4　こと

[3]　1　増えてあります　　　　　　2　増えてきました
　　　3　増えてなります　　　　　　4　増えてしました

[4]　1　すると　　　2　しかし　　　3　それで　　　4　だから

[5]　1　に　　　2　は　　　3　と　　　4　が

読解
どっかい

問題1

つぎの文章を読んで、質問に答えなさい。答えは、1・2・3・4から最もよいものを一つえらびなさい。

何か新しいものを作り出すとき、発想の転換（※1）は大切である。最近、書いた文字をこすって消せるボールペンが人気だ。

これまでは、インクは色が変わらないのがいいとされ、そのための研究が盛んであった。しかし、消せるボールペンの開発（※2）チームは、色の変わるインクが作れないかと努力を続け、ついに色の消えるボールペンを世の中に送り出すことになったのである。

（参考：2009年9月7日付け朝日新聞夕刊）

（※1）転換：別のものに変えること

（※2）開発：新しいものを考えて、使えるようにすること

1 文章の内容と合っているのはどれか。
1 従来、インクの色が変わるのは好ましくないことと思われてきた。
2 インクの消えるボールペンは、まだ販売されていない。
3 インクの色の変わるボールペンを開発するための研究は、以前から盛んであった。
4 新しいものの開発にはお金がかかる。

問題2

つぎの文章を読んで、質問に答えなさい。答えは、1・2・3・4から最もよいものを一つえらびなさい。

蒸し暑い夏には、冷房の効いた部屋はとても快適です。しかし、冷房の温度が低すぎたり、冷房に長時間あたりすぎたりすると、室外と室内の温度差に体がついていけなくなり、体の調子を崩してしまいます。冷房の設定温度は外の気温との差が5～6℃までが望ましい (※1) とされます。

（※1）望ましい：そうであってほしい

1　文章の内容と合っているのはどれか。

1　冷房を効かせた部屋に長時間いるのは、快適で体にもいい。

2　外の気温と冷房の温度は同じにするのがいい。

3　建物の外が暑いときには、冷房の温度はできるだけ低くしたほうが健康にいい。

4　冷房の温度は、外の気温によって変えたほうがいい。

読解

問題3

つぎの文章を読んで、質問に答えなさい。答えは、1・2・3・4から最もよいものを一つえらびなさい。

20XX年7月1日

やまみどり株式会社
　　　総務（※1）部　御中

　　　　　　　　　　　　　　　　　　　　佐藤　百合子

　拝啓　向暑の候（※2）、貴社（※3）ますますご清栄（※4）のこととおよろこび申し上げます。
　貴社にて開かれます「ゆめみらい研修」について、先日はお電話で親切にお答えくださいましてありがとうございました。8月5日の研修には、ぜひ参加させていただくつもりでしたが、あいにく海外出張と重なり、欠席せざるをえなくなってしまいました。

（※1）総務：会社全体の事務
（※2）向暑の候：これから暑くなる季節のあいさつ
（※3）貴社：相手の会社のていねいな呼び方
（※4）ご清栄：手紙などで、相手が元気であることを喜ぶあいさつ

1　この文章を書いた人が言いたいことは何か。
　1　研修への参加申し込みの確認
　2　研修への参加申し込みの取り消し
　3　研修で海外出張をすることの通知
　4　研修担当者へのお礼

問題4

つぎの文章を読んで、質問に答えなさい。答えは、1・2・3・4から最もよいものを一
つえらびなさい。

　来週の水曜日に、A、B2クラス合同の授業があるので、いすの移動を次のように
行ってください。

　前の日までに、山田先生にB教室のいすをA教室に移動する許可をもらってくださ
い。許可を得たら、B教室のいすの背に、「B」と書いた紙をはってください。そして、
授業当日の午前中に、B教室のいすを全部A教室に移してください。以上、よろし
くお願いします。

1 指示内容と合っているのはどれか。

1　水曜日に、山田先生にいすについての許可をもらう。

2　火曜日の午前中に、A教室からB教室へ、いすを移動させる。

3　B教室のいすの背に「B」と書いた紙をはる。

4　合同授業が終わったら、すぐにいすを元の教室に戻す。

問題5

つぎの文章を読んで、質問に答えなさい。答えは、1・2・3・4から最もよいものを一つえらびなさい。

　　ある病院で、窓口などで患者を呼ぶときに「様」をつけて呼ぶように変更した。これは患者へのサービス向上 (※1) の一つの試み (※2) だった。

　　ところが、この呼び方に対して「よそと違うので違和感 (※3) がある」「バカにされて (※4) いる感じ」という苦情が殺到した。その結果、以前どおりの「さん」付けに変えられたそうだ。丁寧な呼び方ならいい、というものでもないらしい。

（参考：2008年9月7日付け朝日新聞朝刊）

（※1）向上：もっとよくすること
（※2）試み：ためすこと
（※3）違和感：はっきりとはわからないが間違っている感じがすること
（※4）バカにする：相手を偉くない人として扱う

1　文章の内容と合っているのはどれか。
　1　患者の名前に「様」をつけて呼ぶと、病院のサービスがよくなる。
　2　患者の呼び方は、「さん」をつけるのが一般的である。
　3　患者の呼び方は、「様」をつけるより「さん」をつけたほうが丁寧である。
　4　患者の呼び方は、丁寧なほど患者にとっていい。

問題6

つぎの文章を読んで、質問に答えなさい。答えは、1・2・3・4から最もよいものを一つえらびなさい。

「ファストフード」という言葉がよく聞かれる。簡単に言えば、早く食べられるものというような意味だが、ファストフードの店の利用者に、なぜそのような店へ行くのかを尋ねたら、意外な答えもあった。

それは、長時間いられる、というものである。早く食べても、そのあとゆっくり店に居座る（※1）ことができるという意味だろう。確かに、早く食べ、早く立ち去ら（※2）なくてもいい店もある。

（参考：2007年4月7日付け朝日新聞土曜版　be between）

（※1）居座る：ある場所に長い時間座っていること

（※2）立ち去る：その場所から離れる。出て行く

1 文章の内容と合っているのはどれか。

1 早く食べ物を作ることをファストフードと言う。

2 ファストフード店では、早く食べなくてはならない。

3 ファストフード店のなかには、ゆっくりいられる店もある。

4 座れるのでファストフード店に行くという人がほとんどである。

問題 7

つぎの文章を読んで、質問に答えなさい。答えは、1・2・3・4から最もよいものを一つえらびなさい。

富士山は東海道新幹線（※1）の中からも見ることができる。

富士山が見えると、カメラを取り出して写真を撮る人も多いが、とても速く走っている新幹線の中できれいに撮るのは難しい。上手に撮るにはコツ（※2）がいる。

まず、富士山側の席を取ることが大切である。これが取れなかった場合は、残念だが今回はあきらめよう。

富士山が電線にじゃまされずに一番きれいに見えるのは、富士川（※3）を渡っているときである。ここでいい写真を撮るためには、大阪方面から東京方面に向かうときがいい。なぜなら、東京方面に向かうときは、川を渡ったあと、新富士駅（※4）を通過するために少しゆっくり走るので、写真もゆっくり撮れるからである。逆に大阪方面に向かうときはスピードを上げるので、はっきり撮れなくなってしまう。

これらのコツを頭に入れて（※5）、思い出の一枚を撮ってもらいたい。

（※1）東海道新幹線：東京から九州まで走っている新幹線のこと

（※2）コツ：何かをするためのいい方法

（※3）富士川：静岡県を流れる川の名前

（※4）新富士駅：静岡県にある駅

（※5）頭に入れる：しっかり覚えておく

1 この文章は、何について書かれているか。

　　1　新幹線の中で富士山が見やすい席に座る方法

　　2　新幹線の中から富士山のきれいな写真を撮る方法

　　3　新幹線のスピードと富士山の見え方の関係

　　4　新幹線の駅から富士山を見るときのコツ

2 筆者は、いつ富士山の写真を撮るのがいいと言っているか。

1 富士山が見えはじめたとき

2 東京に近くなったとき

3 富士川を渡っているとき

4 新富士駅を通過するとき

3 文章の内容と合っているのはどれか。

1 富士山の写真を撮るときは、一緒に富士山側の座席の写真を撮ることがコツだ。

2 新幹線は、東京方面に向かうときより大阪方面に向かうときのほうが、スピードが速い。

3 富士山のきれいな写真を撮るためには、富士山側の座席に座ることが必要だ。

4 きれいな富士山の写真が撮れないのは、富士山の周りに電線が多いせいだ。

読解

問題8

つぎの文章を読んで、質問に答えなさい。答えは、1・2・3・4から最もよいものを一つえらびなさい。

　インターネット上には、どんなことでも相談できる掲示板（※1）のウェブサイトがある。その中には、ある製品、サービス、団体などについて「本当はどうなのか」を知りたい人が、そのページを見ている人たちに相談するためものがある。

　たとえば、ある製品についての評判を知りたくても、近くに使ったことのある人がいなければわからない。その製品を扱っている会社のホームページやパンフレットには、あたりまえのことだが、いいことしか書いていない。そこで、インターネットの相談掲示板で、一般の人の率直な意見を聞こう、というわけだ。

　しかし、①「一般の人」といっても、人にはそれぞれ違った事情がある。好みや考え方も違う。「率直な意見」といっても自分の参考になるとはかぎらない。また、「率直な」意見ではなく、何かの目的を持って回答しているかもしれない。それらを考えたら、②自分で判断するのが一番確実な気がする。

（※1）掲示板：さまざまな意見を自由に書くことができるもの

[1]　インターネット上の掲示板である製品について相談をする目的は何か。
1　ある製品の値段を知ること
2　ある製品のいい点を知ること
3　ある製品の売り場を知ること
4　ある製品の本当のことを知ること

2　①「一般の人」といっても、人にはそれぞれ違った事情があるとはどういうことか。

1　その製品を扱っている人ばかりが意見を書いている。

2　その製品の評判を知りたい理由は人によって違う。

3　その製品の好ききらいや意見は人によって違う。

4　一般の人といっても、率直な意見を聞きたいわけではない。

3　②自分で判断するのが一番確実な気がするのはどうしてか。

1　自分と同じ好みの人の意見ばかり読んでも意味がないから。

2　実際に自分で使ってみないと本当のことはわからないから。

3　人によって感じ方が違うのはあたりまえだから。

4　うそが書かれている可能性が高いから。

読
解

問題9

つぎの文章を読んで、質問に答えなさい。答えは、1・2・3・4から最もよいものを一つえらびなさい。

　初めて日本に24時間営業のコンビニができたのは、1975年だと言われています。

　当時、人々は主にスーパーや町の商店で買い物をしていました。しかし、それらの店の多くは早い時間に閉まっていたので、24時間営業しているコンビニができたことで、夜遅くに利用したい人はとても便利になりました。そして、1980年代以降コンビニの数は急激に増え、今では全国に4万店以上あります。

　最近では24時間営業のスーパーも増え、またコンビニ同士の競争も激しくなったため、各コンビニは新しい工夫で客を増やそうとしています。たとえば、新しい商品を次々に発売して、客を飽きさせないようにしています。また、銀行ATMを設置したり、宅配便 (※1) や郵便物を受け付けるなど、銀行や郵便局のようなサービスを行ったりもしています。ほかにも、店内で食事ができる、洋服をクリーニングに出すことができるなど、さまざまな顔を持つコンビニが増えています。

（※1）宅配便：荷物を届けてくれるサービス

[1] 文章の内容と合っているのはどれか。

1　コンビニができて、すべての人にとってとても便利になった。

2　1975年当時、コンビニ以外で夜遅くまで営業している店は少なかった。

3　1980年代には、夜遅くまで開いているコンビニは珍しかった。

4　コンビニは、スーパーや町の商店を利用したくない人のためにできた。

[2] コンビニの商品やサービスについて、文章と合っているものはどれか。

1　コンビニではいつも新しい商品ばかりが売られている。

2　コンビニのサービスは、4万店以上の店で同じように利用することができる。

3　スーパーよりコンビニのほうが、新しい商品を売っている。

4　コンビニのサービスは、種類がだんだん増えてきている。

3 コンビニが客のためにしている工夫として、この文章の内容に合っているものはどれか。

1 商品を買った人が便利なサービスを受けられるようにしている。

2 レストランやクリーニング店の支店を、コンビニの中に作っている。

3 客のいろいろな用事が、コンビニの中で済むようにしている。

4 ほかのコンビニよりも安い商品を売るようにしている。

問題10

つぎの文章を読んで、質問に答えなさい。答えは、1・2・3・4から最もよいものを一つえらびなさい。

さあ、深呼吸をしてみましょう。

今、何を吸い込みましたか。たいていの人は、空気と答えたでしょう。もちろん、それで正解です。でも、空気中には、目に見えないものがたくさんただよっていて、それも一緒に吸い込まれます。その中には、病気の原因になる微生物（※1）もいます。このような微生物は、手にもたくさん付いていて、それが口を通して体に入ってくることもあります。

①私たちの体は、だいたい36度から37度ぐらいの温度に保たれています。また、体の中には、水分や栄養分があります。ですから、微生物にとっては、とても住み心地がよく、増えやすい所です。病気の原因になる微生物が増えたら大変ですね。

でも、安心してください。私たちの体には、自分で自分を守るための仕組み（※2）があるのです。

まず、体を覆っている皮膚です。傷でもない限り、微生物は、皮膚を通して体の中に入ることはありません。それから、涙も、目から入ろうとする微生物を流してしまいます。しかも、涙は、微生物を殺す働きもします。

②これら以上に大事なのは、③のどの奥に生えているせん毛です。せん毛は、鼻や口から入ってきた微生物を、外へ外へと押し出す役目をしているからです。

このほかにも、私たちの体には、自分を守るための、たくさんの仕組みがあります。しかし、それにもかかわらず、微生物が、体の中に入り込んでくることがあります。

そんなときに備えて、体の中にも、微生物と戦うすばらしい仕組みができています。

（中村桂子「体を守る仕組み」『国語四下　はばたき』（平成4年度）光村図書出版刊を一部改変）

（※1）微生物：顕微鏡でしか見ることができない非常に小さい生物
（※2）仕組み：ものごとの組み立て、構造

1 ①私たちの体について、文章の内容と合わないのはどれか。

  1 病気の原因になる微生物が入ってくることがある。

  2 体温はだいたいいつも 36 度から 37 度ぐらいである。

  3 体内には水分や栄養がある。

  4 いつも皮膚に傷があるため、微生物がよく入ってくる。

2 ②これらは何を指しているか。

  1 水分と栄養

  2 涙

  3 皮膚と涙

  4 鼻と口

3 ③のどの奥に生えているせん毛とあるが、せん毛の働きについて、正しいのはどれか。

  1 微生物が体内に入りやすくする。

  2 体内に入ろうとした微生物を殺す。

  3 体内に入ってきた微生物を外へ追い出す。

  4 体内に入ってきた微生物を守る。

問題 11

右のページは、料理の配達サービスの案内である。つぎの文章を読んで、下の質問に答えなさい。答えは、1・2・3・4から最もよいものを一つえらびなさい。

読
解

> リーさんは、東京の大学に通う大学生です。7月26日に、クラスの仲間とパーティーをすることになりました。
>
> 参加予定の学生は22人です。参加者からは、料理の量を多くしてほしい、デザート(※1)をつけてほしいという意見がありました。一人が支払う予算は1500円までです。

[1]　リーさんのクラスのパーティーの条件に最も合うコースはどれか。

　　1　Aコースで飲み物付き

　　2　Bコースで飲み物なし

　　3　Cコースで飲み物付き

　　4　Cコースで飲み物なし

[2]　リーさんがパーティーの料理を注文できるのはいつか。

　　1　6月22日

　　2　7月1日

　　3　7月22日

　　4　7月26日

10名様よりお料理をお届けします！

パーティーサービス

電話：888-8888-8888

コース	内容	お一人様料金／受付人数
おまかせ（※2） Aコース	学生に大人気のコースです。 （※3）唐揚げ、マカロニサラダ、 チャーハン	￥800 30名様より受け付けます。
おまかせ Bコース	おなかいっぱい食べたい人へ。唐揚げ、マカロニサラダ、チャーハン、手作りシュウマイ、サンドイッチ	￥1200 20名様より受け付けます。
おまかせ Cコース	デザートまでついた、人気のコースです。Bコースの内容に、果物とプチケーキが付きます。	￥1500 10名様より受け付けます。

＊ お飲み物もお付けする場合は、上の料金にお一人様300円プラスとなります。

＊ パーティー当日の1か月前から1週間前までに、お電話にてご注文ください。

＊ ご注文の変更は、4日前までとさせていただきます。

＊ すべて消費税を含んでおります。

ご注文をお待ちしております。

（※1）デザート：食事のあとに食べる果物やお菓子

（※2）おまかせ：まかせること

（※3）唐揚げ、マカロニサラダ、チャーハン、手作りシュウマイ、プチケーキ：料理または食べ物の名前

練習問題

ちょう かい
聴 解

聴
解

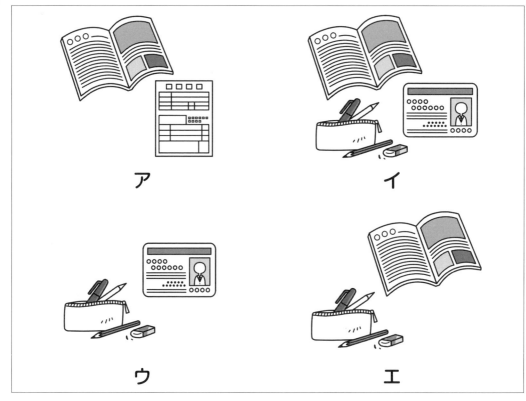

問題1

問題1では、まず質問を聞いてください。それから話を聞いて、問題用紙の1から4の中から、最もよいものを一つえらんでください。

※実際の試験では、問題の前に練習があります。

1番

1　ア

2　イ

3　ウ

4　エ

⦿ 2番

月 げつ	火 か	水 すい	木 もく	金 きん	土 ど
燃やすごみ も			燃やさない ごみ も (第1・第3) だい だい	燃やすごみ も	資源ごみ し げん
生ごみ なま 紙 かみ 木の枝 き えだ			割れた ガラス わ スプレーの缶 かん プラスチック の容器 よう き (中が汚れた なか よご もの)	生ごみ なま 紙 かみ 木の枝 き えだ	缶 かん ビン ペットボトル プラスチック の容器 よう き

1 来週の月曜日
    らいしゅう げつようび

2 来週の木曜日
    らいしゅう もくようび

3 さ来週の木曜日
    らいしゅう もくようび

4 さ来週の土曜日
    らいしゅう どようび

3番

1　しりょうを　5まい　コピーする

2　しりょうを　50まい　コピーする

3　お茶の用意を　する

4　お茶の用意を　ほかの人に　たのむ

聴解

4番

1　水曜日に　へんきゃくポストに　かえす

2　木曜日か　金曜日に　へんきゃくポストに　かえす

3　木曜日か　金曜日に　カウンターに　かえす

4　水曜日か　金曜日に　カウンターに　かえす

5番

1　700円

2　800円

3　1000円

4　1500円

6番

1 時計

2 写真立て

3 はなたば

4 デジタルカメラ

問題2

09 問題2では、まず質問を聞いてください。そのあと、問題用紙を見てください。読む時間があります。それから話を聞いて、問題用紙の1から4の中から、最もよいものを一つえらんでください。

※実際の試験では、問題の前に練習があります。

1番

10
1　安くておいしい料理を　食べることです

2　その国の人と　話すことです

3　ふつうの人が行かないかんこうちを　たずねることです

4　その国のことばを　学ぶことです

2番

11
1　小山さんの本を　なくてしまったから

2　小山さんの本を　だまって借りていってしまったから

3　小山さんがかいぎで使うしりょうを　なくしてしまったから

4　小山さんに　あやまらなかったから

3番

12
1　さつえい中、家族と　会えなかったこと

2　足がいたいのを　がまんして　さつえいしたこと

3　足をけがして　動けないほど　いたかったこと

4　足をけがして　映画のさつえいが　とまったこと

⊚ **4番**
13

1　旅行のよていと　ほこうの日が　重なってしまうから

2　はっぴょうのじゅんびが　まにあいそうにないから

3　はっぴょうが　のびて、それまで　きんちょうが　つづく
　　ことになったから

4　旅行を　やめることになったから

⊚ **5番**
14

1　あいての話のとちゅうでも　すぐにちがうと言うこと

2　あいてのはんたい意見に　はらが立っても　がまんするこ
　　と

3　あいての意見を聞いたことを　はじめにつたえること

4　さいしょに　ちがう意見であることを　はっきり言うこと

⊚ **6番**
15

1　ちゅうしゃされるのが　いやだったから

2　いたみが　なくなったから

3　おいしゃさんに　また来てくださいと　言われたから

4　なおらない病気だと　言われたから

問題3

16 問題3では、問題用紙に何もいんさつされていません。この問題は、ぜんたいとしてどんなないようかを聞く問題です。話の前に質問はありません。まず話を聞いてください。それから、質問とせんたくしを聞いて、1から4の中から、最もよいものを一つえらんでください。

※実際の試験では、問題の前に練習があります。

―メモ―

聴解

問題4

20 問題4では、えを見ながら質問を聞いてください。やじるし（→）の人は何と言いますか。

1から3の中から、最もよいものを一つえらんでください。

※実際の試験では、問題の前に練習があります。

1番

21

2番

22

聴解

3番

4番

聴
解

問題5

25 問題5では、問題用紙に何もいんさつされていません。まず文を聞いてください。それから、そのへんじを聞いて、1から3の中から、最もよいものを一つえらんでください。

※実際の試験では、問題の前に練習があります。

―メモ―

聴解

まとめのテスト

「まとめのテスト」は、日本語能力試験の問題数の、約半分の問題数になっています。実際の試験の、半分の時間を目安にして、問題を解きましょう。

〈目安の時間〉

文字・語彙	15分
文法、読解	35分
聴解	20分

問題1

_____のことばの読み方として最もよいものを、1・2・3・4から一つえらびなさい。

1 毎日忙しいので、デートもできません。

    1 いそがしい   2 はずかしい   3 おかしい   4 たのしい

2 1か月前から、乗車券を買うことができます。

    1 ぞうしゃけん   2 じょしゃげん   3 じょうしゃけん   4 じょしゃげん

3 どこか、人があまりいなくて静かな所へ行きたいです。

    1 にぎやかな   2 ごうかな   3 たしかな   4 しずかな

4 正社員がアルバイトをすることは、会社の規則で認められていない。

    1 もとめ   2 みとめ   3 つとめ   4 まとめ

問題2

_____のことばを漢字で書くとき、最もよいものを、1・2・3・4から一つえらびなさい。

① まだ新しいチームですが、なんとか<u>ゆうしょう</u>することができました。

　　1　有賞　　　　　　2　優賞　　　　　　3　優勝　　　　　　4　有勝

② <u>かなしい</u>とき、大きな声で歌うと元気になります。

　　1　悲しい　　　　　2　寂しい　　　　　3　裴しい　　　　　4　淋しい

③ 注文が決まったら、このボタンを<u>おして</u>ください。

　　1　指して　　　　　2　押して　　　　　3　貸して　　　　　4　通して

問題3

（　　　）に入れるのに最もよいものを、1・2・3・4から一つえらびなさい。

① 母は楽しい映画が好きで、私は（　　　）する映画が好きだ。

1　いらいら　　　　2　くよくよ　　　　3　はらはら　　　　4　そこそこ

② （　　　）こんなことになるとは思わなかった。

1　まさか　　　　2　やっぱり　　　　3　きっと　　　　4　いわば

③ この公園(こうえん)は国が（　　　）している。

1　整理(せいり)　　　2　管理(かんり)　　　3　権利(けんり)　　　4　事業(じぎょう)

④ 制服(せいふく)を（　　　）に出す。

1　クレンジング　　2　クーリング　　3　クリーニング　　4　クリニック

⑤ 火事があったが、その家の人たちは（　　　）だった。

1　無視(むし)　　　2　無難(ぶなん)　　　3　無理(むり)　　　4　無事(ぶじ)

⑥ 3年（　　　）に国に帰ったら、新しいビルがたくさん建てられていた。

1　先　　　　2　ごと　　　　3　間　　　　4　ぶり

問題4

_____に意味が最も近いものを、1・2・3・4から一つえらびなさい。

1 英語の詩を暗記する。

1 記録する　　　2 勉強する　　　3 覚える　　　4 調べる

2 使えるものを捨てるなんてもったいない。

1 惜しい　　　2 くだらない　　　3 つまらない　　　4 めんどうくさい

3 この雑誌はただで配っている。

1 値引き　　　2 割引　　　3 有料　　　4 無料

問題 5

つぎのことばの使い方として最もよいものを、一つえらびなさい。

1　意外

　　1　ここでやめるのは彼_{かれ}の<u>意外</u>ではない。

　　2　盗_{ぬす}まれた自転車が<u>意外</u>なところで見つかった。

　　3　田中_{たなか}さん<u>意外</u>は皆_{みな}学生です。

　　4　この本の<u>意外</u>がわからない。

2　うっかり

　　1　勉強したのに試験に落_おちてとても<u>うっかり</u>した。

　　2　この部屋_{へや}は<u>うっかり</u>きれいになっている。

　　3　<u>うっかり</u>して財布_{さいふ}を忘_{わす}れてしまった。

　　4　あの建物は<u>うっかり</u>した土台_{どだい}に建てられている。

3　だらけ

　　1　子どもが水<u>だらけ</u>になって遊_{あそ}んでいる。

　　2　この公園_{こうえん}は桜_{さくら}<u>だらけ</u>で本当_{ほんとう}に美_{うつく}しい。

　　3　この答案_{とうあん}は間違_{まちが}い<u>だらけ</u>だ。

　　4　いい天気で、青空_{あおぞら}<u>だらけ</u>だ。

問題 1

つぎの文の（　　　　）に入れるのに最もよいものを、1・2・3・4から一つえらびなさい。

1　今日の資料は、後ほど部下に（　　　　）ます。

　　1　届け　　　　　　2　届けられ　　　　3　届けさせ　　　　4　届けさせられ

2　部長、この仕事はぜひ私（　　　　）させてください。

　　1　に　　　　　　　2　を　　　　　　　3　が　　　　　　　4　で

3　取引先の社長が、先週入院（　　　　）そうなので、お見舞いに参ります。

　　1　になった　　　　2　された　　　　　3　になられた　　　4　いたした

4　旅行に（　　　　）つもりで貯金をして、カメラを買おうと思う。

　　1　行く　　　　　　2　行かない　　　　3　行った　　　　　4　行かなかった

5　中国語は、習った（　　　　）、話せないよ。

　　1　おかげで　　　　2　わりに　　　　　3　ばかりか　　　　4　せいで

6　風邪（　　　　）だから、今日は早く帰って寝たい。

　　1　ひいた　　　　　2　っぽい　　　　　3　がち　　　　　　4　ぎみ

7　彼はマラソンを完走できる（　　　　）毎日 10 キロ走っている。

　　1　ように　　　　　2　ために　　　　　3　わけで　　　　　4　からに

まとめの
テスト

問題2

つぎの文の　 ★ 　に入る最もよいものを、1・2・3・4から一つえらびなさい。

1　A「佐藤さん、まだ来ないけど、どうしたのかなあ。」

　　B「この店を ＿＿＿＿ ＿＿＿＿ ＿★＿ ＿＿＿＿ 電話してみようか。」

　　1　かも　　　　　2　しれない　　　　3　から　　　　　4　知らない

2　＿＿＿＿ ＿★＿ ＿＿＿＿ ＿＿＿＿ 早くやったほうがいい。

　　1　ならない　　　2　どうせ　　　　　3　なら　　　　　4　しなくては

3　あの女の子は、＿＿＿＿ ＿＿＿＿ ＿★＿ ＿＿＿＿ 泣いているようだ。

　　1　ばかりの　　　2　汚して　　　　　3　セーターを　　4　買った

問題3

つぎの文章を読んで、文章全体の内容を考えて、1 から 5 の中に入る最もよいものを
1・2・3・4から一つえらびなさい。

冬休みの予定

山川一郎（朝日中学校2年3組）

　冬休みに、叔父のうちに行きます。叔父は、母の弟で、母より10歳も若いし、まだ結婚していないので、僕 1 は、お兄さんのような人です。毎年、夏休みや冬休みには、叔父のうちに泊めて 2 、一緒に山に行きます。

　叔父のうちは、岩手県にあります。近くに田んぼや畑がたくさんあるところですが、スキー場もあって、冬はスキー客がたくさん来ます。僕も小学生のとき、一度だけスキーを 3 あります。夏、山に登るのもとても楽しいですが、スキーのほうがいい思い出になりました。今年の冬は、初めてスノーボードをしてみようと思っています。叔父は、スキー場にあるスノーボード・スクールに僕を入れて、スノーボードを 4 くれると言っています。スクールには、僕と同じ年の男の子がたくさんいるそうなので、友達もできると思います。

　ニュース 5 、今年の冬は雪が多いということなので、楽しみにしています。

1　1　にして　　　2　にとって　　　3　に対して　　　4　によって

2　1　もらって　　2　くれて　　　　3　いただいて　　4　あげて

3　1　することが　2　することも　　3　したことが　　4　したいことも

4　1　習えて　　　2　習われて　　　3　習わせられて　4　習わせて

5　1　について　　2　に関して　　　3　によると　　　4　にしたがうと

問題1

つぎの文章を読んで、質問に答えなさい。答えは 1・2・3・4 から最もよいものを一つ
えらびなさい。

日本人の主食（※1）は「米」。それを料理した「ごはん」は和食（※2）にはなくてはな
らないものだが、このところ消費量が減り続けている。

日本人一人が 1 年間に食べる米の量は、約 60 キロである。これは、40 年ほど前の
約半分にすぎない。その原因はいろいろあるだろうが、ほかにおいしいものがたくさん
できた、ということがいちばん影響しているようだ。

（参考：2007 年 11 月 10 日付け朝日新聞土曜版　be between）

（※1）主食：主に食べるもの

（※2）和食：日本に昔からある料理

[1]　文章の内容と合っているものはどれか。
1　和食にごはんは必ずしもなくていい。
2　米の消費量が減る状況が続いている。
3　日本人がいちばんおいしいと感じるものはごはんだ。
4　約 40 年前の、日本人一人当たりの米消費量は約 60 キロであった。

問題2

つぎの文章を読んで、質問に答えなさい。答えは1・2・3・4から最もよいものを一つえらびなさい。

多田市ハイキングクラブ　会員へのお知らせ

多田市ハイキングクラブでは、新入会員の歓迎と会員の皆さんの交流を兼ね、高尾山ハイキングを行います。ふもとまではバスで行き、そのあとは歩いて頂上を目指します。体力(※1)に合わせてゆっくり登りますので、お年寄りからお子様までどなたでも参加できます。参加をご希望の方は、ぜひお申し込みください。

日　　　時：4月5日（土）雨の場合は中止（少しの雨なら、当日決定）
集　　　合：午前5：00　多田市役所前
費　　　用：3000円
申し込み：3月1日（土）締め切り　宮田まで（℡・・・・）

（※1）体力：運動したり働いたりするための力

1. 文章の内容と合っているのはどれか。
    1　これは多田市ハイキングクラブの新入会員のためのイベントである。
    2　このイベントには多田市ハイキングクラブの会員なら誰でも参加できる。
    3　雨の場合は、別の日に行くことになる。
    4　参加費用をそえて、申し込まなければならない。

問題3

つぎの文章を読んで、質問に答えなさい。答えは、1・2・3・4から最もよいものを一つえらびなさい。

　「話す」ことは、基本的にプライベートな(※1)行為である。それに対して、「書く」という行為は、話すことのようにその場で消えてしまうのではなく、文字として残る。そのことによって、「書く」ことは公共的(※2)な行為になる。

　たとえば、「あいつバカだよね」と言ったとしても、にこやかに笑いながらであれば、話す当人が、バカだと批評している相手のことをけなして(※3)いるわけではなく、①愛情を込め、好意をもって言ったのだと伝わる。

　しかし、それを文章で書いてしまったら、どうだろうか。その場の雰囲気やニュアンス(※4)がよほどうまく表現されていない限り、「あいつはバカだ」という言葉がそのまま文字として定着してしまう。話し言葉のニュアンスは、書き言葉ではよほどうまく表現しないかぎり伝わらない。それが②書き言葉——文字の怖さである。

（齋藤孝『原稿用紙10枚を書く力』大和書房刊による）

（※1）プライベートな：個人的な

（※2）公共的（＝こうきょうてき）：個人的でなく大勢の人にかかわる

（※3）けなす：悪い点を取り上げて非難する

（※4）ニュアンス：表現などの微妙な意味

---

① 「バカだ」という言葉が、①愛情を込め、好意をもって言ったのだと伝わるとあるが、どうしてそのように伝わるのか。

　1　文字の書き方によって気持ちを示すことができるから。

　2　表情や言い方によって気持ちを示すことができるから。

　3　周りの様子に合わせて話し言葉のニュアンスで書くから。

　4　けなしているわけではないと、心を込めて説明するから。

2　②書き言葉——文字の怖さであるとあるが、書き言葉が怖いのはどうしてか。

1　文字だけでは、その場の雰囲気やニュアンスが伝わりにくく、誤解されやすいから。

2　一度書いた言葉はその場で消えてしまい、間違いに気づいても直すことができないから。

3　書いたものは大勢の人が見るので、間違いがあっても直しにくいから。

4　書くときの気持ちが文字に表れるため、自分の気持ちを隠すことができないから。

3　話すことと書くことについて、文章の内容と合っているのはどれか。

1　書くと文字が残るが、話すのは一時的なものなので、何を言っても問題ない。

2　話すよりも書くほうが、自分の正直な気持ちを伝えやすい。

3　書くよりも話すほうが、言葉には表れていないニュアンスを伝えやすい。

4　話すことも書くことも、正しい言葉を使わなければ伝わらないのは同じだ。

問題4

つぎの文章を読んで、質問に答えなさい。答えは、1・2・3・4から最もよいものを一つえらびなさい。

①「最近の若い人は会話ができない」とよく言われる。たとえば、「これを見てください」と言うべきところを「これ」しか言わない。「これがどうしたの？」と聞くと、やっと「見てください」と言う。ここまでひどくなくても、相手にきちんと自分の意思を伝え、いい関係を作る能力が低下しているのは間違いない。

その理由の一つに、スーパーマーケットが増えて、子どものころに近所の小さな商店で買い物をする機会が少なくなったことがあるのではないか。

近所のおばさんの店で買い物をするには、まず、店に入ったときに「ごめんください」などとあいさつをしなければならない。すると、「はーい」と言いながら、奥からおばさんが出てくる。ここで返事がないと、「聞こえるように大きな声で言わなきゃだめだよ」と一緒に来ている母親に注意される。そして、商品を買うときには「その○○とこの△△を一つずつください」などと、買う物と数をはっきり、にこにこして言わなければならない。目の前にいるのはただの店員ではなく、近所の人でもあるからだ。②これらはコミュニケーション能力をつける最高の訓練だったのだ。

1 ①最近の若い人は会話ができないとはどういう意味か。

1 欲しいものを買ってくることができない。
2 自分の意思をうまく伝えることができない。
3 あいさつができない。
4 質問されないと話しはじめられない。

2 スーパーマーケットと近所の小さな商店の特徴について、正しく説明しているのはどれか。

1 スーパーマーケットでは、買う物と数をはっきり、短い言葉で言わなければならない。
2 近所の小さな商店では、あいさつをしなくては店の人が出てこない。
3 スーパーマーケットには一人で買い物に行く。
4 近所の小さな商店には店員がいない。

③ ②<u>これら</u>とあるが、「これら」の中に<u>含まれない</u>ものはどれか。

1　大きな声で話さなければならないこと

2　あいさつをしてから店に入らなければならないこと

3　にこにこして話をしなければならないこと

4　店の人に商品を取ってもらわなければならないこと

問題5

右のページは、パソコン教室の案内である。つぎの文章を読んで、下の質問に答えなさい。答えは、1・2・3・4から最もよいものを一つえらびなさい。

　新入社員のホンさんは仕事でパソコンを使っています。基本的な操作は先輩社員から教えてもらいましたが、まだ十分ではないため、パソコン教室に通いたいと思っています。今回のパソコン教室では、表計算ができるようになりたいです。

　平日は残業が多くて教室に通うのは難しいので、仕事が休みの週末に習いたいと思っています。

1　ホンさんは、どのクラスを取ればいいか。

　　1　AかC

　　2　DかF

　　3　E

　　4　F

2　ホンさんは、いつまでに代金を支払わなければならないか。

　　1　3月1日

　　2　3月6日

　　3　3月31日

　　4　6月30日

春期パソコン教室のご案内

ABC カルチャーセンター

パソコンに興味のある方、パソコンを使えるようになりたいと思っている方、この春一緒に勉強を始めませんか。

■ **受講期間** ： 4月8日（月）～6月30日（水）

■ **申込期間** ： 3月1日（月）～3月31日（水）

　　　　　　＊申込書に記入して、代金をお支払いください。

■ **説明会** ： 詳しいことをお知りになりたい方、ぜひご参加ください。

　　　　　　3月6日（土） 11：00 ／ 13：00

クラス	曜日	時間	費用	内容
A	日	13：00 ～16：00	3万円	・初めてパソコンを使う人 ・文書作成と表計算
B	木	19：00 ～20：30	1万5000円	・初めてパソコンを使う人 ・文書作成
C	土・日	9：00 ～12：00	6万円	・初めてパソコンを使う人 ・文書作成と表計算
D	日	13：00 ～16：00	3万円	・簡単な操作ができる人 ・文書作成 ・年賀状作成
E	木	19：00 ～20：30	1万5000円	・簡単な操作ができる人 ・文書作成と表計算
F	土・日	9：00 ～12：00	6万円	・簡単な操作ができる人 ・文書作成と表計算 ・年賀状作成

まとめのテスト

聴　解

もんだい
問題1

35 問題1では、まず質問を聞いてください。それから話を聞いて、問題用紙の1から4の中から、最もよいものを一つえらんでください。

※実際の試験では、問題の前に練習があります。

36 1番

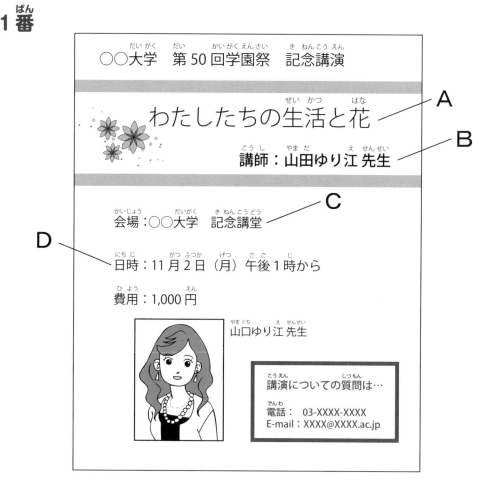

○○大学　第50回学園祭　記念講演

わたしたちの生活と花 ——— A

講師：山田ゆり江 先生 ——— B

C ———

会場：○○大学　記念講堂

D ———

日時：11月2日（月）午後1時から

費用：1,000円

山口ゆり江 先生

講演についての質問は…

電話：　03-XXXX-XXXX
E-mail：XXXX@XXXX.ac.jp

1　AとB

2　AとD

3　BとD

4　BとCとD

まとめの
テスト

64

2番

37

1 病院に すぐに行く

2 病院に 電話をかけてから 行く

3 しのそうだんまどぐちに 電話をかける

4 きゅうきゅうしゃを よぶ

3番

38

1 セーター

2 マフラー

3 コーヒー

4 スーツ

まとめの
テスト

問題2

問題2では、まず質問を聞いてください。そのあと、問題用紙を見てください。読む時間があります。それから話を聞いて、問題用紙の1から4の中から、最もよいものを一つえらんでください。

※実際の試験では、問題の前に練習があります。

1番

1　たいようが　よくあたることです

2　コンビニが　そばにあることです

3　にわが　あることです

4　駅から　近いことです

2番

1　1さつのテキストを　何度も読むこと

2　いろいろなテキストを　何度も読むこと

3　多くのテキストから　たくさんのじょうほうを　えること

4　いいテキストを　たくさんの中から　えらぶこと

3番

1　仕事が　終わったあと、おさけを　飲んでいたから

2　おきゃくさんのところに　おさけを　とどけたから

3　しんしょうひんを　作っていたから

4　そうこで　おさけを　飲んでいたから

問題3

43 問題3では、問題用紙に何もいんさつされていません。この問題は、ぜんたいとしてどんなないようかを聞く問題です。話の前に質問はありません。まず話を聞いてください。それから、質問とせんたくしを聞いて、1から4の中から、最もよいものを一つえらんでください。

※実際の試験では、問題の前に練習があります。

―メモ―

まとめのテスト

問題 4

46 問題 4 では、えを見ながら質問を聞いてください。やじるし（→）の人は何と言いますか。
1 から 3 の中から、最もよいものを一つえらんでください。

※実際の試験では、問題の前に練習があります。

1番
47

2番
48

問題5

49 問題5では、問題用紙に何もいんさつされていません。まず文を聞いてください。それから、そのへんじを聞いて、1から3の中から、最もよいものを一つえらんでください。

※実際の試験では、問題の前に練習があります。

―メモ―

執筆者

　NPO 法人日本語教育研究所　青山美佳、内桶正子、小山暁子、徳島陽子、西上鈴江

　インターカルト日本語学校

執筆協力者

　文字・語彙：梅田康子

　文法：刈谷仁美

　読解：齋藤伸子

　聴解：高橋優子

編集

　凡人社編集部

短期マスター　日本語能力試験ドリル　N3　第 2 版

2010 年 10 月 10 日　　初版第 1 刷　発行
2013 年 2 月 1 日　　　第 2 版第 1 刷　発行
2019 年 6 月 10 日　　　第 2 版第 5 刷　発行

編集・著作　　　凡人社編集部
発　　　行　　　株式会社 凡人社
　　　　　　　　〒102-0093　東京都千代田区平河町 1-3-13
　　　　　　　　電話　03-3263-3959

表紙デザイン　　クリエイティブ・コンセプト
印刷・製本　　　倉敷印刷株式会社